AF497802

LE BOURGEOIS DE FALAISE.

COMEDIE.

A PARIS,
Chez THOMAS GUILLAIN, à la
deſcente du Pont-neuf, prés les Auguſtins,
à l'Image S. Louis.

M. DC. XCIV.
AVEC PRIVILEGE DU ROY.

EXTRAIT DV PRIVILEGE *du Roy.*

PAR Grace & Privilege du Roy, donné à Paris le 30. Janvier 1693. Signé, Par le Roy en son Conseil, GAMART Il est permis à THOMAS GUILLAIN de faire imprimer ; vendre & debiter les Oeuvres de Theâtre du Sieur P** pendant le temps de six années , à compter du jour qu'elles seront imprimées pour la premiere fois, pendant lequel temps tres-expresses inhibitions & deffenses sont faites à toutes personnes de quelque qualité & condition qu'elles soient , de faire imprimer, vendre ny debiter lesdites Pieces de Theâtre d'autre Edition que de celle de l'Exposant ou de ceux qui auront droit de luy , à peine de trois mille livres d'amende, de confiscation des Exemplaires contrefaits , & de tous dépens, dommages & interests , & autres peines portées plus au long par lesdites Lettres de Privilege.

Regiftré fur le Livre de la Communauté des Libraires & Imprimeurs de Paris, le 4. d'Avril 1693.

Signé, P. *AVBOVYN , Syndic.*

Achevé d'imprimer pour la premiere fois , le 13. Aouft 1696,

ACTEURS.

LEONORE.

VALERE, Amant de Leonore.

LISETTE.

MERLIN.

GERONTE, Pere de Leonore.

Mr DE SOTENCOUR, Bourgeois de Falaise.

FIJAC, Gascon.

MATHIEU CROCHET, Cousin de Mr de Sotancour.

Mr GRASSET, Rotisseur.

Mr DE LA MONTAGNE, Marchand de Vin.

GILLETTE.

Troupe de Masques.

LE
BOURGEOIS
DE
FALAISE.
COMEDIE.

SCENE PREMIERE.

MERLIN *seul.*

E voicy dans Charone, & voila le logis
Où l'Amour nous conduit ; gardons
    d'estre surpris ,
Il fait ma foy bien chaud , j'ay bien eu
    de la peine ,
Je suis venu sans boire , ouf je suis hors d'haleine,
Je risque dans ce lieu bien plus qu'au Cabaret ,
Monsieur Geronte à l'air d'un petit indiscret

A iij

S'il me voit , ce Vieillard me conduira peut-estre
Fort incivilement , d'ailleurs aussi mon Maistre
Est un autre brutal qui n'entend point raison ,
Et veut estre introduit ce soir dans la maison.
Entre ces deux écueils je le donne au plus sage
A pouvoir se sauver icy de quelque orage.
Qu'on est fou ; pour un autre, aller risquer sos dos,
Ah qu'un grand Philosophe a dit bien à propos
Qu'un bon valet estoit une piece bien rare ;
On dit que pour la nopce icy tout se prepare ,
Je veux en tapinois faire la guerre à l'œil ,
Déja la nuit commence à s'habiller de deüil ;
Lisette dans ces lieux m'a promis de se rendre,
Pour sçavoir quel party mon Maistre poura pren-
　　dre :
Mais j'entrevois quelqu'un ?

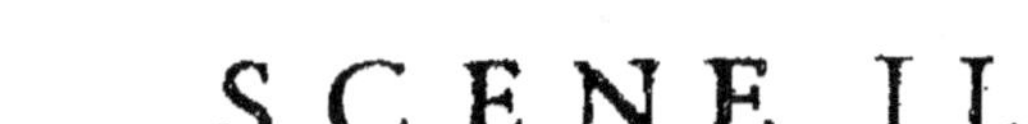

SCENE II.

Mr Grasset Rotisseur tenant un plat de ros.
Mr de la Montagne un panier de bouteilles.

MERLIN, Mr GRASSET, Mr LA MONTAGNE.

Mr GRASSET.

Monsieur voila le ros.

Mr LA MONTAGNE.

Monsieur voila le vin.

MERLIN.

Vous venez à propos.

Ils me prennent sans doute icy pour l'econome,
Profitons de l'erreur, faisons le Majordome.

Mr GRASSET.

Voila douze poulets à la paste nouris,
Autant de pigeons gras dont les culs sont farcis,
Poules de caux, pluviers, vne demy douzaine
De rasles de genest, six lapins de garene,
Deux jeunes marcassins, avec quatre faisants,
Le tout est couronné de soixante ortolans,
Et des perdrix morbleu, d'un fumet admirable,
Sentez plutost. Quel baume !

MERLIN.

                    Ouy : je me donne au Diable,
Ce gibier est charmant, & je le garantis
Bourgeois, & né natif en plaine S. Denis.

Mr GRASSET.

Monsieur.

MERLIN.

Oh je connois vos tours, qu'il vous souvienne
Qu'un jour estât chez vous, par malheur la garene
S'ouvrit, & qu'aussi-tost on vit tous vos garçons
S'armer habilement de broches, de bâtons,
Et qu'ils eurent grand' peine, avec cet air si brave
A faire rembuscher au fond de vôtre cave,
Et dans vôtre grenier tous les lapins hyards,
Qu'on voyoit dans la ruë abondament épars.

Mr GRASSET.

Je ne merite pas, Monsieur, un tel reproche.

MERLIN *prend deux perdrix qu'il met dans sa poche.*

Dõnez-moy deux perdrix, allez coucher en broche.

Et souvenez-vous bien, vous & vos galopins,
De mieux à l'avenir enfermer vos lapins :
Entrez ; pour vous, Monsieur, qui portez la van-
    dange,
Vous ne valez pas mieux, on ne perd rien au chãge;
C'est là tout mon vin !

Mr LA MONTAGNE.

                    Tout. On n'est pas un fripon,
Il faut estre en ce monde ou marchand ou larron.

MERLIN *tirant une bouteille.*

On est bien tous les deux. Voyõs sans vous déplaire
Cette bouteille cy me paroît bien legere,
Vous estes un fripon, un scelerat.

Mr LA MONTAGNE.

                            Monsieur
Vous me rendez confus.

MERLIN.

                    Un Arabe, un voleur.

Mr LA MONTAGNE.

Vous avez des bontez !

MERLIN.

                    Sans parler de la colle,
Ny des ingrediens dont vôtre art nous desole,
Je vous y tiens, voila Monsieur le Gargotier
Des bouteilles qui sont faites d'un triple ozier,
Ah Monsieur le pandart.

*Il défait une bouteille couverte de trois
ou quatre oziers, en sorte qu'il n'en
demeure qu'un fort petit.*

Mr LA MONTAGNE.

                    Mais ce n'est pas ma faute,

COMEDIE.

Le Marchand.

MERLIN.

Ce peut-il volerie auſſi haute.
De l'or & des grandeurs je n'en demande pas
Juſte Ciel : ſeulement fais qu'avant mon trépas
Je puiſſe de mes yeux voir trois de ces Corſaires,
Ornant ſuperbement trois bois patibulaires,
Pour prix de leurs larcins en public élevez,
Dancer la Sarabande à deux pieds des pavez :
Voila les vœux ardents que fait pour vôtre avance
Le plus ſincere amy que vous ayez en France :
Adieu.... laiſſez-m'en deux comme un échantillon,
Pour montrer qu'a bon droit vous paſſez pour
  fripon.

Il les met dans ſes poches, & en prend
une troiſiéme.

Mr LA MONTAGNE.

Vous m'avez pris mon vin ?

Mr GRASSET.

Qui me payera ma viande.

MERLIN.

Je l'ay fait a deſſein ; Hipocrate commande,
Et dit en quelque endroit que pour ſe bien porter,
Il ſe faut quelquefois dérober un ſouper.
Si toute cette troupe, & celuy qui l'envoye,
Eſtoit au fond de l'eau, que j'en aurois de joye :
Voila la nopce en branle.   *Il boit.*

SCENE III.

LISETTE, MERLIN.

LISETTE.

AH Merlin te voila
La bouteille à la main, que diantre fais-tu la.
MERLIN *boit.*
En t'attendant, tu vois que je me defennuye.
LISETTE.
Tout eſt perdu Merlin, Leonore ſe marie;
Monſieur de Sottencourt pour nous faire enrager,
De Falaiſe à Paris vient par le Meſſager,
Il arrive aujourd'huy pour luy faire grand feſte,
Hors ma maiſtreſſe & moy, tout le monde s'ap-
    preſte.
MERLIN *boit.*
Que j'en ay de chagrin :
LISETTE.
Pour faire un plein regal
Ce ſoir avant la nopce, on donne icy le bal.

MERLIN *vuidant ſa bouteille.*

On donne icy le bal ! l'affaire eſt donc finie.
LISETTE.
Autant vaut mon enfant.
MERLIN.
Morbleu j'entre en furie,

En songeant qu'un morceau si tendre & si friand,
Doit tôber sous la main d'un maudit bas Normand,
Et de Falaise encor. Dis-moy Monsieur Geronte,
Le pere de Leonor, ne meurt-il point de honte.

LISETTE.

Ce Normand a dit-il plus de cent mille écus,
Et pour faire un mary, c'est autant de vertus.

MERLIN.

Et que dis la Maîtresse !

LISETTE.

Elle se desespere,
S'arrache les cheveux ;

MERLIN.

Autant en fait Valere
A table aux Antonnoirs dans un grand embarras,
Le pauvre Diable attend sa vie ou son trépas.

LISETTE.

Il peut donc maintenant, puisque l'affaire est faite,
Mourir quand il voudra.

MERLIN.

Quoy, ma pauvre Lisette,
Laisserons-nous crever un pauvre agonisant.

LISETTE.

N'as-tu point de remede à ce mal si pressant ,
Quelque elixir heureux, quelque once d'emethi-
que.

MERLIN.

Mais toy ne peux-tu rien tirer de ta boutique ,
J'ay fait le Diable à quatre :

LISETTE.

Et j'ay fait le dragon,
Moy: j'attends même encor un mien parent Gascon
A qui j'ay fait le bec , & qui ce soir s'engage
A venir traverser ce maudit mariage.

MERLIN.

Et quel est ce Gascon que tu mets dans l'employ.

LISETTE.

C'est un fourbe, un fripon à peu prés comme toy.

MERLIN.

Comme moy des fripons Fijac seul me ressemble.

LISETTE.

C'est luy :

MERLIN.

Je le verray nous agirons ensemble,
Si Valere pouvoit seulement se montrer.

LISETTE.

Bon cela ne se peut ; comment pouvoir entrer ?
Tout le monde au logis vous connoist l'un & l'autre.

MERLIN.

Ne sçais-tu pas encor quelle adresse est la nôtre,
On m'a dit que ce soir, on doit dancer, chanter.

LISETTE.

On me l'a dit ainsi.

MERLIN.

J'en sçauray profiter ,
Ayde nous seulement.

LISETTE.

Je suis preste à tout faire.

MERLIN.

Et moy je te promets que si dans cette affaire,
Mon Maître plus heureux épouse *incognito* ,
Je pouray t'épouser de même *ex abrupto*.

LISETTE,

LISETTE.

Depuis que mon mary par grace finguliere,
D'un furtout de fapin que l'on appelle biere,
Dont on fort rarement, a voulu fe munir,
J'ay fait vœu d'eftre veuve, & je le veux tenir.

MERLIN.

Ouyda, l'état de veuve eft une douce chofe,
Ou à plufieurs Amanrs, fans que perfonne en glofe,
Et l'on fait juftement du foir jufqu'au matin,
Comme ces fins gourmets qui vont goûter le vin
Sans achepter d'aucun, à chaque piece on tafte,
On laiffe celuy-cy de peur qu'il ne fe gafte :
On ne veut pas de l'un, parce qu'il eft trop vert ;
Celuy-cy trop paillet, cet autre trop couvert.
Dieu tel vin ! la couleur eft malade & bizare,
Cet autre dans le chaud peut tourner à la bare ;
L'un eft trop plat au gout, l'autre trop petillant,
Et ce dernier enfin a trop peu de montant.
Ainfi fans rien choifir de tout on fait épreuve,
Et voila juftement comme fait une veuve.

LISETTE.

Une veuve a raifon, j'aime mieux prix pour prix
Deux Amants comme il faut, que cinquante maris,
Un époux eft un vin, difficile à revendre,
On peut en effayer, mais il n'en faut point prendre.

MERLIN.

Si tu voulois de moy faire un petit effay,
J'ay du montant de refte, & le vin affez gay ;
Mais je m'arrefte trop, & je laiffe mon maître
Se diftiller en pleurs, & s'enyvrer peut-être :

B

Je quitte & je vais arrester ses transports,
Si Lisette est pour nous, nous sommes assez forts.

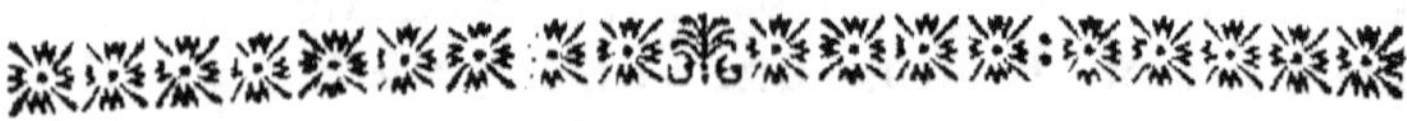

SCENE IV.

LISETTE *seule.*

JE veux à les servir m'employer toute entiere, i-
Ce Monsieur bas Normand me choque la v
siere.

SCENE V.

GILETTE, LISETTE.

GILETTE.

DE la joye ! ah Lisette ! à la fin dans la Cour
Arrive avec fracas Monsieur de Sotancour:
Monsieur de Sotancour.

LISETTE.

      Au diantre la begueule,
Avec son Sotancour : Voyez comme elle gueule.

GILETTE.

Je l'ay veû de mes yeux descendre de cheval,
Il amene un cousin, un grand original,

Qu'on avoit mis en croupe ainſi qu'une valiſe.
Mais les voicy tous deux.

LISETTE.

L'affaire eſt dans ſa criſe.

SCENE VI.

Mr DE SOTANCOUR, MATHIEU
CROCHET *en gueſtres ; un Valet qui porte une
lanterne & un ſac.*

SOTANCOUR.

TRop heureuſe maiſon ! & vous murs trop
 épais
Qui cachez à mes yeux le plus beau des objets,
Qui dans vos noirs détours recelez Leonore,
Faites de voſtre pis, cachez la mieux encore ;
Mais bien-tôt malgré vous je verray ſes appas
Cap à cap, ſans reſerve, & du haut juſqu'en bas,
Je verray ſon nés... ſon... Mais j'aperçois Liſette,
Maîtreſſe ſubalterne, adorable Soubrete
Tu me vois en ces lieux en propre original,
Pour ſerrer le doux nœud du lien conjugal.

LISETTE.

Le bonrreau t'en faſſe un qui te ſerre la gorge,
Maudit Provincial.

SOTANCOUR.

De plaiſirs je regorge,
B ij

En fongeant... ah coufin qu'elle a le nez joly,
Le minois égrillard, le cuir fin & poly,
Sur fon blanc eftomac deux globes fe foutiennent,
Qui pourtant à l'envy fans ceffe vont & viennent,
Et qui font que d'amour je fuis prefque enragé ;
Pour le refte coufin quel heuteux prejugé,
L'eau m'en vient à la bouche.

MATHIEU CROCHET *en Normand*.

Eft-elle brune ou blonde.

SOTANCOUR.

Oh non, elle eft bay clair, fes cheveux font en onde
Et fort negligemment, flotent à gros boüillons
Sur fa gorge d'albatre, & vont jufqu'aux talons :
Son teint eft... tricolor ; elle eft ma foy charmante
La belle de me voir eft bien impatiente :
Comment fe porte-t'elle :

LISETTE.

Affez mal ; elle dit
Qu'elle ne fait la nuit que tourner dans fon lit.

SOTANCOUR.

Dans peu nous calmerons le tourment qu'elle en-
dure,
Et nous l'empefcherons de tourner je te jure.

LISETTE.

Sans ceffe elle foupire.

SOTANCOUR.

Et bien coufin tu voy,
Ay-je tort quand je dis qu'elle eft folle de moy.

LISETTE.

Tout eft feinte, Monfieur, fouvent dans une fille,
Ne vous y fiez pas, l'une paroît gentille,

Pour ſçavoir ſe ſervir d'une beauté d'emprun ,
Mettre un viſage blanc ſur un viſage brun ;
L'autre de faux cheveux compoſe ſa coefure :
Cette autre de ſes dents bâtit l'architecture :
Celle-cy doit ſa taille à ſon patin trompeur ,
Et l'autre ſes tetons à l'art de ſon Tailleur :
Des charmes apparents on eſt ſouvent la dupe ,
Et rien n'eſt ſi trompeur qu'animal porte-jupe.

SOTANCOUR.

Leonore auroit-elle aucun de ſes defaux.

LISETTE.

Je ne dis pas cela , mais le monde eſt ſi faux ,
Une fille toujours a quelque fer qui loche.

MATHIEU CROCHET.

Oh couſin n'allez pas acheter chat en poche .
Pour ſçavoir ſi la belle eſt droite ou de travers ,
Faites-la viſiter avant par des experts.

SOTANCOUR.

Bon, bon, va s'il faloit que cette marchandiſe
Fut ſujettte à viſite avant que d'eſtre priſe ,
Malgré tant d'achepteurs , je te jure couſin
Qu'elle demeureroit long-temps au Magazin ₄
Mais je la voy paroiſtre.

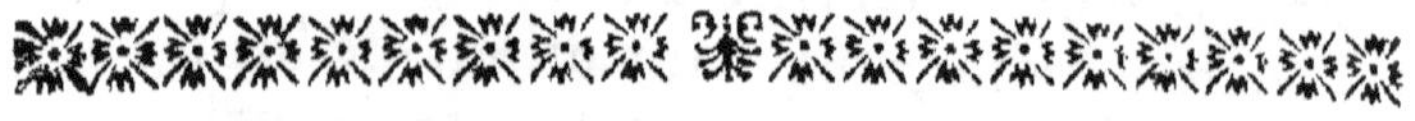

SCENE VII.

Mr GERONTE, LEONORE, SOTANCOUR, MATHIEU CROCHET , LISETTE.

Mr GERONTE.

AH ! ſerviteur mon gendre,
Soyez le bien venu , vous vous faites attendre ;
Vôtre retardement alloit m'inquieter ,
Et ma fille eſtoit preſte à s'impatienter.

SOTANCOUR.

J'en ſuis perſuadé , mais vous auſſi Madame,
D'impatiens tranſports vous bourelez mon ame ;
Mon cœur tout panthelant comme un cerf aux
    abois ,
Paravance à vos pieds vient apporter ſon bois ;
Vos beaux yeux deſormais ſont le Nord ou le Pole,
Où de tous mes deſirs tournera la bouſſole :
Vos apas, vos attraits... qui vous font tant d'hon-
    neur ,
Vous ne répondez rien doux objet de mon cœur.

Mr GERONTE.

La joye & le plaiſir...
SOTANCOUR.
        Je vous entends beau-pere :
Le plaiſir de me voir la gonfle de maniere ,

Qu'elle ne peut parler.

Mr GERONTE.

Juſtement ?

SOTANCOUR.

Dans ce jour
Nous ne ſerons plus qu'un vous & moy Sotancour.

LISETTE.

Ah la belle union !

SOTANCOUR.

Moy beau, bien fait, vous gentille,
Nous allons mettre au monde une belle famille.
Beau-pere on dit bien vray, quant à moy j'y
   ſouſcris,
On a beau faire, il faut prendre femme à Paris,
L'on y taille en plein drap, nos femmes de Pro-
   vince
Ont l'abord repouſſant, la mine plate & mince,
L'eſprit ſec & bouché, le regard de hibou,
L'entretien diſcourtois, & l'acueil loup-garou ;
Mais le ſexe à Paris a la mine jolie,
L'air atractif, ſur tout la croupe rebondie ;
Mais il eſt diablement ſujet à caution.

MATHIEU CROCHET.

On dit qu'à forligner il a propenſion.

SOTANCOUR.

Je veux croire pourtant, malgré la deſtinée,
Que je pouray toujouts aller teſte levée :
Que malgré voſtre nez, & cet air égrillard,
Mon front entre vos mains ne court point de
   hazard ;

Voudriez-vous , Mignonne, à la fleur de mon âge,
Mettre inhumainement mon honneur au pillage,
Me referveriez-vous pour un tel accident :
Hem , vous ne dites mot.

LISETTE.

Qui ne dit mot confent.

SOTANCOUR.

Beau-pere jufqu'icy , s'il faut que je le dife ,
La future n'a point encore dit de fotife ;
Peut-eftre qu'elle en penfe , en tout cas j'avertis
Qu'elle a l'entretien maigre & le difcours coucis.

Mr GERONTE.

Tant mieux pour une femme.

SOTANCOUR.

Ouy quand par retenuë
Elle caquete peu ; mais fi c'eft une gruë ,
Dans la famille au moins on ne voit point de fots ,
Luy par exemple il a plus d'efprit qu'il n'eft gros.

MATHIEU CROCHET.

Le coufin me connoift, oh je ne fuis pas cruche ,
Tel que vous me voyez.

SOTANCOUR.

Luy... c'eft la coqueluche
Des filles de Falaife : Il étudie en Droit ,
Et fçait tout fon Cujas fur le bout de fon doigt.

MATHIEU CROCHET.

Oh quand on a du Code aquis quelque teinture ,
Prés des femmes de refte on fçait la procedure :

Nous autres du bareau nous sommes des gaillards.

LISETTE.

Vous estes Avocat.

MATHIEU CROCHET.

                    Et de plus Maistre és Arts.

SOTANCOUR.

Tres alteré, beau-pere au moins ne vous déplaise,
On a soif volontiers quand on vient de Falaise :
Allons tâter du vin.

Mr GERONTE.

                    Allons, c'est fort bien dit.

SOTANCOUR.

Je me sens là dedans un terrible apetit.

MATHIEU CROCHET.

Depuis trois jours je jeûne afin d'estre capable
De pouvoir dignement faire figure à table.

LISETTE.

Monsieur est prevoyant.

SOTANCOUR.

                    Vrayment c'est fort bien fait ;
Allons suivez-moy donc cousin Mathieu Crochet.
Bien-tôt nous reviendrons, ô beauté mon idole,
Voir si vous n'avez point retrouvé la parole.

SCENE VIII.

LEONORE, LISETTE *regardant partir*
Mathieu Crochet.

LISETTE.

Voila ce qui s'appelle un garçon fait au tour.

LEONOR.

Lisette ; Que dis-tu de Monsieur Sotancour.

LISETTE.

Et de Mathieu Crochet, qu'en dites-vous Madame.

LEONOR.

De Monsieur Sotancour, je deviendrois la femme?
A ne t'en point mentir je suis au desespoir.

LISETTE.

Oh qu'il ne vous tient pas encor en son pouvoir :
Valere n'est pas homme à quitter la partie,
Il faut qu'il vous épouse, ou j'y perdray la vie.

SCENE IX.

MERLIN en Maiſtre de Muſique, avec des porteurs d'Inſtruments, dans l'un deſquels eſt Valere : Il entre en chantant.

AIR.

Pour atraper un Roſignol
Re mi fa ſol,
Je diſois un jour à Nanete,
Il faut aller au bois ; mais chut !
Mi fa ſol ut.
Je me trouvay dans ſa cachette,
Le Roſſignol y vint auſſi,
Mi re ut ſi.
Et ſi-toſt qu'il fut ſur la branche,
Preſt à chanter de ſon bon gré,
Sol fa mi re.
Elle le prit de ſa main blanche,
Et puis dans ſa cage le mit,
La ſol fa mi.

LISETTE.
Que cherchez-vous, Monſieur, avec cet equipage.
MERLIN.
Vous voyez un Breton preſt à vous rendre homage,

Depuis plus de vingt ans je rode l'Univers,
Où je fais admirer l'effet de mes Concerts.

LISETTE.

Tant mieux pour vous, Monsieur, j'en ay l'ame
    ravie,
Mais nous ne sommes point en goût de simphonie,
Laissez-nous, s'il vous plaist, avec tous nos ennuis.

MERLIN.

Quand vous me connoîtrez... vous sçaurez qui je
    suis.

LISETTE.

Je le croy bien.

MERLIN.

        Je suis un Musicien rare,
Charmé de mon sçavoir, gueux, yvrogne & bizare.

LISETTE.

Pour la profession voila de grands talens.

MERLIN.

Voudriez-vous m'entendre.

LEONOR.

        Oh je n'ay pas le temps
De chagrins trop cuisans j'ay l'ame penetrée.

MERLIN.

Tant mieux, je vous voudrois encor desesperée.

LISETTE.

Elle n'en n'est pas loin.

MERLIN.

        C'est comme je la veux,
Pour donner à mon Art un exercice heureux.

                  LEONORE

LEONORE.
Pour des Bretons, Monsieur, gardez vôtre science.
MERLIN.
J'ay tout ce qu'il vous faut autant qu'homme de
France,
Tout Breton que je suis, je sçay vôtre besoin.
LISETTE.
Ne le renvoyons pas, puisqu'il vient de si loin.
MERLIN.
Dans un concert d'hymen, lorsque quelqu'un dis-
corde,
Je sçais juste baisser, ou hausser une corde,
Nul ne hait de l'amour mieux le diapazon.
Ny mettre comme moy deux cœurs à l'unisson.

LISETTE.

Oh vous aurez grand peine avec vôtre industrie
A faire icy chanter deux Amants en partie.

MERLIN.

J'ay dans cet étuy-là, Madame, un instrument,
Qui calmeroit bien-tost vos maux assurément ;
Il est doux, amoureux, insinuant & tendre,
Et qui va droit au cœur.
LISETTE.
            Ne peut-on point l'entendre.
LEONORE.
Ah ! laisse-moy, Lisette, en proye à mon malheur.

LISETTE.

Madame un air ou deux calment bien la douleur,
MERLIN.
Ecoutez-le de grace un seul moment sans peine,
Et s'il ne vous plaist pas soudain je le rangaine.

C

MERLIN ouvre l'étuy dans lequel est Valere.

Cet instrument, Madame, est-il de vôtre gout.

LEONORE.

Que vois-je ! c'est Valere ?

LISETTE.

Et Merlin.

MERLIN.

Point du tout.

Je suis un bas-Breton.

VALERE.

Non belle Leonore,

Je n'ay pû resister au feu qui me devore,
Et puisqu'on rompt les nœuds qui vous avoient
    liez ,
Je viens dans ce moment expirer à vos piez.

LEONORE.

A quoy m'exposez-vous.

VALERE.

Pardonnez à mon zele.

LEONORE.

Mon pere va venir.

LISETTE.

Je feray sentinelle.

LEONORE.

Mais que pretendez-vous.

VALERE.

Vous prouver mon amour,

Pour détourner l'hymen qu'on veut faire en ce
    jour ;
Souffrez que cet amour soit en droit de tout faire.

LISETTE.

Gare tout est perdu , j'apperçois vôtre pere.

MERLIN.

Rentrez viſte.

LISETTE.

Non, non, ce n'eſt pas encor luy.

MERLIN.

Mogrébleu de la maſque, allons r'ouvrir l'étuy,
C'eſt Liſette, Monſieur, qui cauſe ce vacarme ;
Fais mieux le guet au moins, une ſeconde alarme
Demonteroit morbleu l'inſtrument pour toujours.

VALERE ſortant de l'étuy.

Ah ! Madame, aujourd'huy ſecondez nos amours,
Evitez d'un rival l'odieuſe pourſuite,
Ce ſoir pendant le Bal livrez-vous à ſa ſuite.

LEONORE.

Mais comment ?

VALERE.

De Merlin vous ſçaurez pleinement.

LISETTE.

Viſte, viſte, rentrez Monſieur de l'Inſtrument :
Ah ! Merlin pour le coup, c'eſt Geronte en perſonne.

VALERE rentre dans l'étuy.

Ah ! Madame.

MERLIN.

Et rentrez.

LEONORE en s'en allant.

A toy je m'abandonne.

※

S C E N E X.

Mr GERONTE, SOTANCOUR, LISETTE, MERLIN.

MERLIN *en colere.*

OUy vous eftes un fot en becare, en bemol,
Par la clef de f ut a c fol ut g re fol,
De la forte infulter la Mufique Bretone.
SOTANCOUR.
Lifette quelle eft donc cette mine boufone.

L I S E T T E.

C'eft un Muficien bas Preton.
SOTANCOUR.

Bas Breton !
Cet homme doit chanter fur un diable de ton ;
Jamais de fon pays il n'eft venu d'Orphée,
Je croy dés-à-prefent fa mufique enragée ;
Pour des doubles bidets, paffe.
MERLIN.

Fat , animal ,
Vil Carabin d'orcheftre , atome mufical.
Par la mort. . . .
SOTANCOUR *l'arreftant.*
Doucement :
MERLIN.

Tenez-moy, je vous prie :
Si j'échape une fois, je veux avoir fa vie ;

Laiſſez....t.....   *Il luy donne un coup ſur les doigts.*

SOTANCOUR.
Si je te tiens, je veux eſtre empalé.

MERLIN *revenant.*

Comment me ſoûtenir, que mon air eſt pillé,
Un air delicieux que j'eſtime, que j'aime,
Et que j'ay pris plaiſir à compoſer moy-meſme
Dans Kinpercorantin.

Mr GERONTE.
Il a tort.

LISETTE.
Entre nous

Cela ne ſe dit point;

SOTANCOUR.
La, la, conſolez-vous ,

Ce n'eſt pas un grand mal , on ne voit point en
France
Punir de ces larcins la frequente licence :
Mais que vois-je, eſt-ce à vous ce petit inſtrument.

MERLIN.
Pour vous ſervir Monſieur.

SOTANCOUR.
J'en joüe elegamment :

Je vais vous regaler d'un petit air.

MERLIN *l'arreſtant.*
De grace

Je ne puis m'arreſter... Il faut

SOTANCOUR.
Sur cette baſſe

Je veux que l'on m'entende un moment preluder.

MERLIN.
Vous ſeriez trop long-temps Monſieur à l'acorder,

Et de plus mon Valet à la clef dans fa poche.
SOTANCOUR.
Tous ces gens-là font faits de croche & d'anicro-
che :
Je vous dis que je veux :
LISETTE.
Vous en jouërez fort mal,
L'Inftrument eft Breton.
MERLIN.
Et tant foit peu brutal ;
Vous l'entendrez tantôt, je me feray connoiftre,
Et vous verez pour lors quel homme je puis eftre.
SOTANCOUR.
Quoy vous voulez, Monfieur, dôner concert ceans.
MERLIN.
Je cherche à me produire aux yeux d'habiles gens.
SOTANCOUR.
Vous venez tout à point, ce foir je me marie,
De la nopce & du bal fouffrez que je vous prie
Volontiers. Merlin, j'y pretens figurer comme il
faut.
LISETTE.
Faites toujours porter vôtre Inftrument la haut.
SOTANCOUR.
Allons, venez Monfieur, je m'en vais vous con-
duire,
Moy-mefme dans le bal je veux vous introduire.
MERLIN *en reportant fon étuy.*
Et je m'introduiray de moy-mefme au foupé ;
Ma foy nous & l'étuy l'avons bien échapé.

SCENE XI.

SOTANCOUR , LISETTE.

SOTANCOUR.

HE' bien que dirons-nous , où donc eſt la maî-
    treſſe ,
Je vois qu'à me trouver la belle peu s'empreſſe ,
Si nous ne nous cherchons jamais plus volontiers ,
Je ne luy promets pas grand nombre d'heritiers.

LISETTE.

Bon, je ſçais des maris qui pour éviter noiſe ,
N'ont jamais approché leurs femmes d'une toiſe ,
Et qui ne laiſſent pas d'avoir en leur maiſon
Un grand nombre d'enfans qui portent tous leur
    nom.

SOTANCOUR.

Je ſçay que Leonore aime un certain Valere ,
Un fat, un freluquet, qui n'a l'heur de luy plaire
Que par ſon air pincé, mais c'eſt un petit fou ,
Sans eſprit, ſans merite, & qui n'a pas un ſou :
On m'a dit ſeulement que ſa langue babille.

LISETTE.

Et que faut-il de plus pour toucher une fille,

SOTANCOUR.

Ouy... dy à Leonore en termes clairs & nets,
Que je ne veux pas estre époux *ad honores* :
Vois-tu je ne suis pas de ces gens debonaires,
Qui font valoir leur femme en des mains étrangers;
Et mettant à profit un salutaire affront,
Levent a petit bruit un impost sur leur front.

SCENE XII.

LE BARON D'AUBIGNAC, LISETTE SOTANCOUR

LE BARON *Gascon.*

AH! Monsieur, je vous cherche ; eh permetez
de grace,
Que sans plus differer icy je vous embrasse.

SOTANCOUR.

Pour la premiere fois l'acueil est fraternel.

LE BARON.

N'est-ce pas vous, Monsieur, qui vous nommez
un tel.

SOTANCOUR.

Ouy, je me nomme un tel, mais j'ay ne vous déplaise
Encor un autre nom.

LE BARON.

Je viens vous montrer l'aise

Que j'ay d'avoir appris que vous vous mariez.

SOTANCOUR.

Je ne merite pas, Monfieur, tant d'amitiez.

LE BARON.

Nul ne prend plus que moy de part à cette affaire.

SOTANCOUR.

Et pourquoy, s'il vous plaift, peut-elle tant vous
    plaire.

LE BARON.

Pourquoy! cette demande eft bonne ! maintenant
Que vous allez rouler deffus l'argent comptant,
Vous ne ferez, je croy, loyal comme vous eftes,
Nulle difficulté de bien payer vos debtes.

SOTANCOUR.

Graces au Ciel, Monfieur, je ne dois nul argent,
Et vay le front levé, fans crainte du Sergent.

LE BARON.

Cinq cent Louis pour vous, c'eft une bagatelle :
Allons payez les moy.

SOTANCOUR.

                La demande eft nouvelle,
Sotancour eft mon nom, me connoiffez-vous bien ?

LE BARON.

Sotancour... juftement, c'eft pour vous que je vien.

SOTANCOUR.

Je vous dois quelque chofe ?

LE BARON.

                Hé donc le tour eft drofle,
C'eft cet argent, Monfieur, que fur vôtre parole,

Je vous ay tres-gagné l'autre hyver à trois dez.

SOTANCOUR.

A moy, Monsieur.

LE BARON.

A vous ?

SOTANCOUR.

Et parbleu vous rêvez,
Pour connoiſtre vos gens mettez mieux vos lu-
nettes.

LE BARON.

Comment chetif mortel vous déniez vos dettes,
Vous ne connoiſſez plus le Baron d'Aubignac,
Vicomte de Dougnac, Croupignic Foulignac,
Gentilhomme Gaſcon, plus noble que perſonne,
D'une race ancienne autant que la Garonne.

SOTANCOUR.

Quand elle le feroit encor plus que le Nil,
Vôtre propos, Monſieur, n'eſt ny beau ny civil,
Je ne vous connoiſt point, ny ne veux vous con-
noiſtre.

LE BARON.

Il ne me connoiſt pas le ſcelerat, le traitre,
Ne vous ſouvient-il plus de cet Hyver dernier,
Quand nôtre Regiment fut chez vous en quartier
Un jour de Carnaval chez cette Couteliere,
Qui m'adoroit, hé donc ! vous memorez l'affaire.

SOTANCOUR.

Pas plus qu'auparavant, je ne ſçay ce que c'eſt.

LE BARON *mettant la main*
ſur ſon épée.

Ah ! je vous en feray ſouvenir s'il vous plaiſt ſ.

Car cadedis, je veux que le Diable me scie.
LISETTE *l'arrestant.*

Ah tout beau, dans ce lieu point de bruit, je vous
  prie,
Monsieur est honneste homme,& qui vous payra
  bien.
SOTANCOUR.

Moy payer : hé pourquoy, si je ne luy dois rien.
LE BARON.

Vous ne me devez rien.
LISETTE.
                    Un Gascon n'est pas homme
A venir sans sujet demander une somme.
SOTANCOUR.

Un Gascon. Un Gascon a grand besoin d'argent,
Et pourveu qu'il en trouve, il n'importe comment:
Jamais de son Païs ne vint lettre de change,
Et quoy qu'il mange peu, si faut-il bien qu'il
  mange.
LISETTE.

Donnez-luy seulement deux ou trois cent écus.
SOTANCOUR

J'aimerois mieux cent fois vous voir tous deux
  pendus.
LE BARON *l'épée à la main.*

C'est trop contre un faquin retenir ma colere.
LISETTE.

Hé de grace Monsieur !
LE BARON.
                    Non, non, laissez-moy faire
Que je le perce à jour.
SOTANCOUR *crie.*
                    A l'aide, je suis mort,

SCENE XIII.

GERONTE, *Les susdits deux Valets.*

GERONTE.

POur quel sujet, Messieurs, criez vous donc si
    fort.

LE BARON.

Un atome Bourgeois qui perd sur sa parole,
Et ne veut pas payer ; mais ce qui me console,
Je veux devenir nul , ou j'en auray raison.

GERONTE.

Que veut dire cela.

SOTANCOUR.

                Monsieur, c'est un fripon,
Un Gascon affamé qui cherche à vous surprendre.

LE BARON *le voulant percer.*

Retirez-vous Monsieur.

GERONTE.

            Ah tout beau, c'est mon gendre.

LE BARON.

Cet homme est vôtre gendre.

GERONTE.

                Il le sera dans peu.

LE BARON

LE BARON *le prenant.*

Tant mieux, vous me payrez ce quel me doit
   du jeu,
Je fais arrest sur vous, sur la fille & la dote.

GERONTE.

Quoy vous avez perdu.

SOTANCOUR.

               Je vous dis qu'il radote.

Je ne sçais....

LE BARON.

     Nuit & jour il hante les brelans,
Il doit encor au jeu plus de vingt mille francs.

GERONTE.

Plus de vingt mille francs.

LE BARON.

       Ouy Monsieur.

SOTANCOUR.

              Je vous jure,
Foy de vray bas Normand, que c'est une imposture
Que je ne comprens rien à ce maudit jargon,
Et ne sçais pour tout jeu que l'oye & le toton.

LE BARON.

Vous me gâtez icy bien du temps en paroles ;
Monsieur je veux toucher mes quatre cens pistoles,
Ou cadedis je veux le saigner à l'instant.

GERONTE.

Si mon gendre vous doit.

LE BARON.

      S'il me doit.

GERONTE.

             Il pretent
             D

Que vous foyez payé ; mais fans plus de colere,
Permettez qu'à demain nous remettions l'affaire :
Je marie aujourd'huy ma fille, & retiendray
Sur fa dot cet argent que je vous donneray.

LE BARON.

C'eft parler comme il faut , quand on eft raifona-
    ble ,
Tout Gafcon que je fuis , je fuis doux & traitable;
Adieu jufqu'à demain , mais fouvenez-vous-en,
Que j'ay vôtre parole, & grand befoin d'argent.

SCENE XIV.

GERONTE, LISETTE, SOTANCOUR.

GERONTE.

Vous eftes donc joüeur.

SOTANCOUR.

           Que l'on me pilorie ,
Si j'ay hanté ny vû ce Gafcon de ma vie.

GERONTE.

Mais pourquoy viendroit-il.

SOTANCOUR.

         C'eft un fourbe, & fans vous
J'allois vous le bourer comme il faut.

LISETTE.

               Entre nous

Vous avez d'un joüeur aquis la renommée,
Et le feu, comme on dit, ne va point sa fumée.
SOTANCOUR.
Oh quittons ce propos, & ne songeons qu'au bal ;
J'apperçois le cousin, il n'est ma foy point mal.

SCENE XV.

MATHIEU CROCHET *en habit de Cupidon,*
GERONTE, LISETTE, LEONORE *couverte*
d'une grande mante de
tafetas, un masque à la
main. Vne troupe de
masques de toutes manieres.

MATHIEU CROCHET.

ME voila, mon cousin, dans mon habit de mas-
que.
SOTANCOUR.
L'equipage est galand, & l'attirail fantasque ,
Ma pretenduë aussi n'est pas mal sur ma foy ,
Mon cœur en la voyant me dit je ne sçay quoy !
LEONORE.
Oh qu'il ne vous dise pas tout ce que le mien pense.

LISETTE.

Le cousin est masqué mieux que personne en
France.
Il est tout à manger, les femmes dans le bal
Le prendront pour l'amour en propre original.

MATHIEU CROCHET.

N'eſt-il pas vray.

SOTANCOUR.

Parbleu plus d'une curieuſe,
De l'aîné des amours va tomber amoureuſe,
Et voudra de plus prés connoître le couſin.

MATHIEU CROCHET.

Qu'on ſi frote... on verra,

LISETTE.

Ho le petit lutin
Quel va bleſſer de cœurs.

SCENE XVI.

MERLIN, SOTANCOUR, MATHIEU
CROCHET.

MERLIN.

Monſieur je viens vous dire
Que mon concert eſt preſt.

SOTANCOUR.

C'a ne ſongeons qu'à rire,
Couſin il faut icy remuer le gigot.

MATHIEU CROCHET.

Laiſſez-moy faire, allez je ne ſuis pas un ſot,
Je vais plus qu'on ne veut quand on m'a mis en
danſe.
Allons ferme, Monſieur, il eſt temps qu'on commence;

C'eſt à nous de danſer & d'entamer le bal,
Dans le mouvement qu'on fait pour commencer
le bal, Fijac couvert d'une pareille mante
que Leonore prend la place, & Sotancour
danſe avec luy.
Qu'en dites-vous beau-pere, hé cela va-t'il mal.

SCENE XVII.

GILLETTE , GERONTE , SOTANCOUR,
MERLIN, LE BARON.

GILLETTE.

O Secours , ô ſecours , vôtre fille on l'emporte,
Des Careſme-prenans luy font paſſer la porte.
GERONTE.
Que dis-tu là.

GILETTE.

Je dis que quatre homme la bas
La font aller, Monſieur, plus viſte que le pas.

GERONTE.
Quoy ! ma fille.
GILETTE.
Ouy Monſieur.

SOTANCOUR.

La plaiſante nouvelle ;
Tu réves ! tien voila que je danſe avec elle,
D iij

MERLIN.

Monſieur laiſſez-la dire, elle a perdu l'eſprit.

GILETTE.

Non , vous dis-je

SOTANCOUR.

On te dit que deſſous cet habit,

C'eſt Leonore.

GILETTE.

Et non, je n'ay pas la berluë,
Je viens de la quitter à l'inſtant dans la ruë.

SOTANCOUR.

Au Diable la pecore avec ces viſions ,
Il faut te détromper de tes opinions.
Tien , voila Leonore.

Il oſte le maſque , & on
reconnoiſt le Baron Fijac.

LE BARON.

Serviteur

SOTANCOUR.

C'eſt le Diable.

LE BARON.

Preſt à vous emporter , mais pourtant fort traita-
    ble ;
Vous me devez, cherchons quelque acomodement,
J'ay vôtre Leonore pour mon nantiſſement,
Et je la fais conduire au Château de la Garde,
De l'argent je le rens, point d'argent je le garde.

GERONTE.

On m'enleve , ma fille , ô ſecours , ô voleur.

SCENE XVIII.

VALERE, GERONTE, SOTANCOUR,
MATHIEU CROCHET, MERLIN,
LEONORE.

VALERE.

MOnsieur pour Leonore n'ayez aucune peur,
Loin qu'on veüille luy faire aucune violence,
Contre un himen injuste on a pris sa defcence.

GERONTE.

Ah ! Valere, c'est vous.
                    Quoy ! Valere... comment ?

Que veut dire cecy.

VALERE.
                              Que tres-civilement

Je viens icy vous dire, en parlant à vous-même,
Que Leonore pour vous sent une haine extréme,
Qu'elle mouroit plutôt que...

SOTANCOUR.
                              Leonore me hait.

VALERE

Si vous ne m'en croyez, croyez en ce billet.

SOTANCOUR lit.

Pour éviter l'himen dont mon amour murmure,
Et pour ne jamais voir vôtre sotte figure,
J'irois au bout du monde, & plus loin mesme encore,
On ne peut vous haïr plus que fait Leonore.

SOTANCOUR.

En termes clairs & nets cette lettre s'explique,
Et le tour n'en n'eft point trop amphibologique :
Oh bien la belle peut revenir fur fes pas,
Elle auroit beau courir je ne la fuivrois pas :
Je vous cede les droits que j'ay fur l'accordée,
Et ne me charge point de fille hazardée.

GERONTE.

Oh , ma fille eft à vous.

SOTANCOUR.

Non parbleu, par bonheur.
Je luy baife les mains, & la rends de bon cœur.

GERONTE.

Vous me faites plaifir, Monfieur , de me la rendre.

SOTANCOUR.

Oh vous ne manquerez fur ma foy pas de gendre,
Ny vos petits enfans de pere. Allons Mathieu
Retournons à Falaife.

MATHIEU CROCHET.

Adieu Meffieurs , adieu.

MERLIN.

Place à Mathieu Crochet

LEONORE.

A vos genoux mon pere ?

GERONTE.

Oublions le paffé , ma fille en cette affaire,
Je n'ay point pretendu forcer tes volontez.

LEONORE.

Que ne vous dois-je point pour de telles bontez,

GERONTE.

Pour vous dont je connois le bien & la famille,
Vlere , je veux bien que vous ayez ma fille.

VALERE.

Monfieur...

GERONTE.

Nous vous devons affez en cet inftant,
De nous avoir défait de ce couple Normant.

MERLIN.

L'honefte homme morbleu , vive Monfieur Ge-
ronte :
Ma foy fans moy la belle en avoit pour fon compte;
Puifque tout eft d'accord maintenant entre vous,
Rions, chantons, danfons, & divertiffous-nous.

*Tous les Mafques qui font fur le theatre font
une efpece de Bal, aprés qu'on a dansé un paffe-
pied: Fijac chante l'air Gafcon fuivant.*

AIR.

*Cadedis , vive la Garone ,
En valeur on n'y craint perfone :
Les faquins y font des heros ,
Je vous le dis en quatre mots
En amour comme au jeu je vrille,
Et comme un dé j'efcamote une fille.*

On reprend la danfe , aprés laquelle Merlin
chante un paffe-pied Breton.

MERLIN.

*Un jour de Printemps ,
Tout le long d'un verger,*

Colin va chantant,
Pour ses maux soulager.
Ma Bergere laisse-moy, la la la la la, rela
rela,
Ma Bergere laisse-moy.
Prendre un tendre baiser.

Les Masques se prennent par la main, & dan-
sent en chantant,

Ma Bergere laisse-moy, la la la la la, &c.

MERLIN.

La belle à l'instant
Répond à son Berger,
Tu veux en chantant
Un baiser dérober.
Une Bergere.
Non Colin ne le prend pas,
La la la la, rela rela.
Non Colin ne le prend pas,
Je vais te le donner.

Le Chœur.

Non Colin ne le prend pas,
La la la la, rela rela.
Non Colin ne le prend pas,
Je vais te le donner.

Tous les Masques ayant formé une danse en rond se retire, & Merlin chante au Parterre le couplet suivant.

Si mon air Breton
A sçeu vous divertir,
Messieurs d'un haut ton
Daignez nous applaudir;
Mais s'il ne vous plaisoit pas,
La la la.
Mais s'il ne vous plaisoit pas,
Dites-le nous tout bas.

FIN.

D.

I

AIRS
DE LA COMEDIE
DU BOURGEOIS
DE FALAISE.

nette Il faut coucher au bois, mais
chut, Mi fa sol ut ; Je me trouvay dans sa cachette, Le Rossi-
gnol y vint auſſi, Mi re ut
ſi, Et ſi-toſt qu'il fut ſur la
branche Preſt à chanter de ſon bon
gré, Mi fa ſol ré, Elle le

prit de fa main blanche, Et puis dans

fa cage le mit, La fol fa mi, La

fol fa mi.

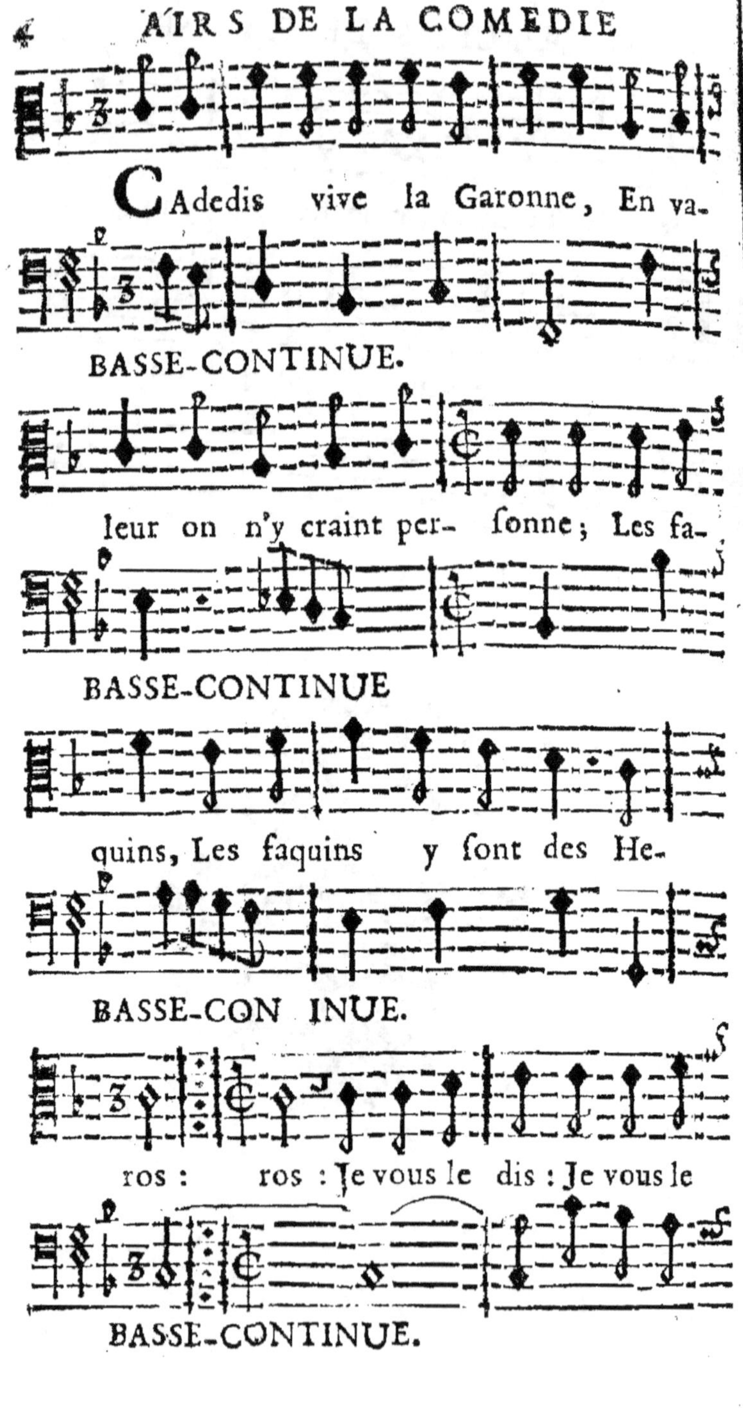
CAdedis vive la Garonne, En va-
BASSE-CONTINUE.
leur on n'y craint per- sonne; Les fa-
BASSE-CONTINUE
quins, Les faquins y font des He-
BASSE-CONTINUE.
ros: ros : Je vous le dis : Je vous le
BASSE-CONTINUE.

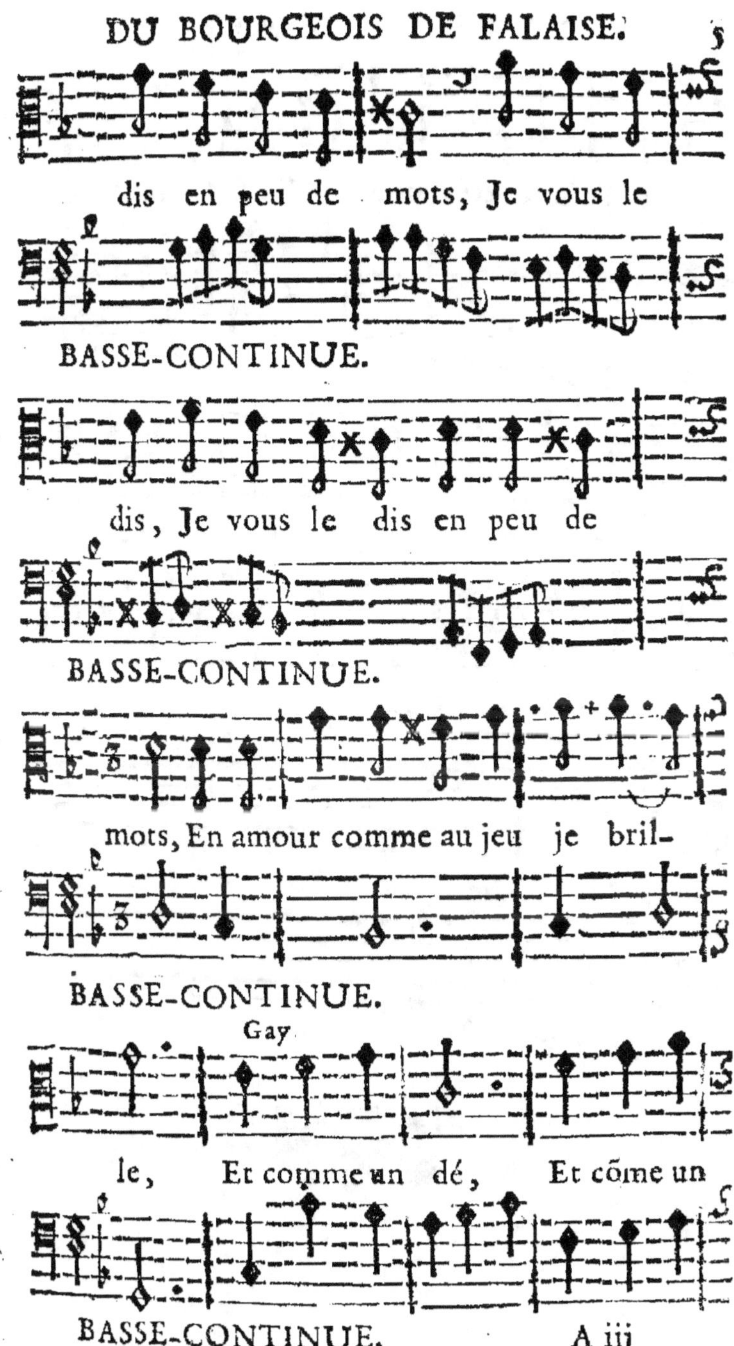
dis en peu de mots, Je vous le
BASSE-CONTINUE.
dis, Je vous le dis en peu de
BASSE-CONTINUE.
mots, En amour comme au jeu je bril-
BASSE-CONTINUE.
Gay
le, Et comme un dé, Et côme un
BASSE-CONTINUE.

A iij

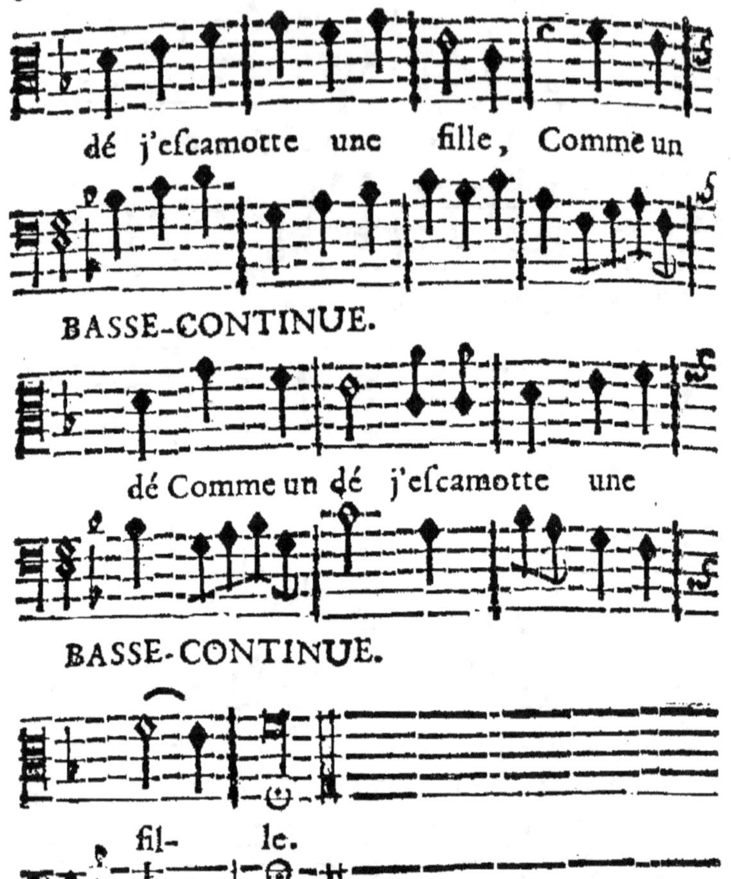

dé j'efcamotte une fille, Comme un
BASSE-CONTINUE.
dé Comme un dé j'efcamotte une
BASSE-CONTINUE.
fil- le.

B. C.

UN jour de Printemps tout le long
Colin va chantant pour ses maux
BASSE-CONTINUE.
d'un verger, Ma Bergere
sou- lager,
BASSE-CONTINUE.
laisse-moy la la la La la la la re-
BASSE-CONTINUE.

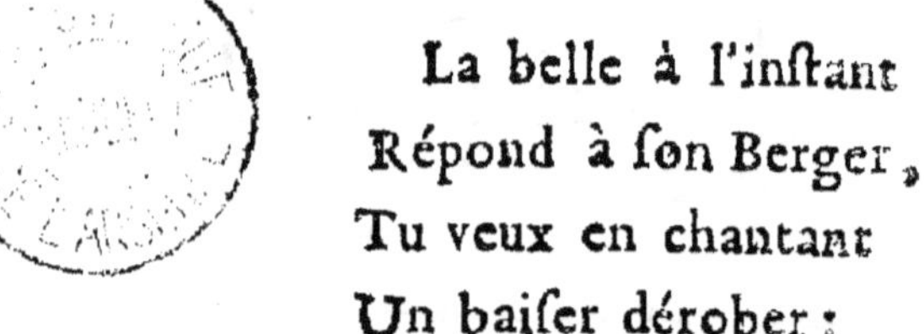

La belle à l'instant
Répond à son Berger,
Tu veux en chantant
Un baiser dérober :
Non, Colin, ne le prens pas la , la , la, &c.
Non, Colin, ne le prens pas
Je vais te le donner.

F I N.

9 782329 667874